Dieses Buch gehört

....

Name

....

Adresse

....

Telefonnummer

....

E-Mail

Wir möchten unsere Produkte für unsere Kundinnen und Kunden stetig verbessern.

Mit einem Feedback im Rahmen einer Rezension können wir auch Ihre positiven Erfahrungen, Lob und Kritik dabei berücksichtigen.

Datum:

Start:

Wetter:

Ziel:

Bewertung: ☆☆☆☆☆

Distanz:

Was bleibt mir positiv in Erinnerung:

Was hat mir nicht gefallen:

Einkehrmöglichkeiten:

Menschen, die ich getroffen habe:

Notizen:

Datum:

Start:

Wetter: ○ ○ ○ ○

Ziel:

Bewertung: ☆ ☆ ☆ ☆ ☆

Distanz:

Was bleibt mir positiv in Erinnerung:

Was hat mir nicht gefallen:

Einkehrmöglichkeiten:

Menschen, die ich getroffen habe:

Notizen:

Datum:

Start:

Wetter:

Ziel:

Bewertung:

Distanz:

Was bleibt mir positiv in Erinnerung:

Was hat mir nicht gefallen:

Einkehrmöglichkeiten:

Menschen, die ich getroffen habe:

Notizen:

Datum:

Start:

Wetter:

Ziel:

Bewertung:

Distanz:

Was bleibt mir positiv in Erinnerung:

Was hat mir nicht gefallen:

Einkehrmöglichkeiten:

Menschen, die ich getroffen habe:

Notizen:

Datum:

Start:

Wetter: ○ ○ ○ ○

Ziel:

Bewertung: ☆☆☆☆☆

Distanz:

Was bleibt mir positiv in Erinnerung:

Was hat mir nicht gefallen:

Einkehrmöglichkeiten:

Menschen, die ich getroffen habe:

Notizen:

Datum:

Wetter:

Bewertung: ☆ ☆ ☆ ☆ ☆

Start:

Ziel:

Distanz:

Was bleibt mir positiv in Erinnerung:

Was hat mir nicht gefallen:

Einkehrmöglichkeiten:

Menschen, die ich getroffen habe:

Notizen:

Datum:

Wetter: ○ ○ ○ ○

Bewertung: ☆☆☆☆☆

Start:

Ziel:

Distanz:

Was bleibt mir positiv in Erinnerung:

Was hat mir nicht gefallen:

Einkehrmöglichkeiten:

Menschen, die ich getroffen habe:

Notizen:

Datum:

Start:

Wetter:

Ziel:

Bewertung:

Distanz:

Was bleibt mir positiv in Erinnerung:

Was hat mir nicht gefallen:

Einkehrmöglichkeiten:

Menschen, die ich getroffen habe:

Notizen:

Datum:

Start:

Wetter: ○ ○ ○ ○

Ziel:

Bewertung: ☆ ☆ ☆ ☆ ☆

Distanz:

Was bleibt mir positiv in Erinnerung:

Was hat mir nicht gefallen:

Einkehrmöglichkeiten:

Menschen, die ich getroffen habe:

Notizen:

Datum:

Start:

Wetter:

Ziel:

Bewertung: ☆☆☆☆☆

Distanz:

Was bleibt mir positiv in Erinnerung:

Was hat mir nicht gefallen:

Einkehrmöglichkeiten:

Menschen, die ich getroffen habe:

Notizen:

Datum:

Start:

Wetter:

Ziel:

Bewertung:

Distanz:

Was bleibt mir positiv in Erinnerung:

Was hat mir nicht gefallen:

Einkehrmöglichkeiten:

Menschen, die ich getroffen habe:

Notizen:

Datum:

Start:

Wetter:

Ziel:

Bewertung:

Distanz:

Was bleibt mir positiv in Erinnerung:

Was hat mir nicht gefallen:

Einkehrmöglichkeiten:

Menschen, die ich getroffen habe:

Notizen:

Datum:

Wetter: ○ ○ ○ ○

Bewertung: ☆☆☆☆☆

Start:

Ziel:

Distanz:

Was bleibt mir positiv in Erinnerung:

Was hat mir nicht gefallen:

Einkehrmöglichkeiten:

Menschen, die ich getroffen habe:

Notizen:

Datum:

Start:

Wetter:

Ziel:

Bewertung:

Distanz:

Was bleibt mir positiv in Erinnerung:

Was hat mir nicht gefallen:

Einkehrmöglichkeiten:

Menschen, die ich getroffen habe:

Notizen:

Datum:

Start:

Wetter:

Ziel:

Bewertung: ☆☆☆☆☆

Distanz:

Was bleibt mir positiv in Erinnerung:

Was hat mir nicht gefallen:

Einkehrmöglichkeiten:

Menschen, die ich getroffen habe:

Notizen:

Datum:

Start:

Wetter: ○ ○ ○ ○

Ziel:

Bewertung: ☆ ☆ ☆ ☆ ☆

Distanz:

Was bleibt mir positiv in Erinnerung:

Was hat mir nicht gefallen:

Einkehrmöglichkeiten:

Menschen, die ich getroffen habe:

Notizen:

Datum:

Start:

Wetter:

Ziel:

Bewertung:

Distanz:

Was bleibt mir positiv in Erinnerung:

Was hat mir nicht gefallen:

Einkehrmöglichkeiten:

Menschen, die ich getroffen habe:

Notizen:

Datum:

Start:

Wetter: ☀ ○ ⛅ ○ ☁ ○ 🌧 ○

Ziel:

Bewertung: ☆ ☆ ☆ ☆ ☆

Distanz:

Was bleibt mir positiv in Erinnerung:

Was hat mir nicht gefallen:

Einkehrmöglichkeiten:

Menschen, die ich getroffen habe:

Notizen:

Datum:

Start:

Wetter: ○ ○ ○ ○

Ziel:

Bewertung: ☆☆☆☆☆

Distanz:

Was bleibt mir positiv in Erinnerung:

Was hat mir nicht gefallen:

Einkehrmöglichkeiten:

Menschen, die ich getroffen habe:

Notizen:

Datum:

Start:

Wetter: ○ ○ ○ ○

Ziel:

Bewertung: ☆☆☆☆☆

Distanz:

Was bleibt mir positiv in Erinnerung:

Was hat mir nicht gefallen:

Einkehrmöglichkeiten:

Menschen, die ich getroffen habe:

Notizen:

Datum:

Start:

Wetter: ○ ○ ○ ○

Ziel:

Bewertung: ☆ ☆ ☆ ☆ ☆

Distanz:

Was bleibt mir positiv in Erinnerung:

Was hat mir nicht gefallen:

Einkehrmöglichkeiten:

Menschen, die ich getroffen habe:

Notizen:

Datum:

Start:

Wetter:

Ziel:

Bewertung:

Distanz:

Was bleibt mir positiv in Erinnerung:

Was hat mir nicht gefallen:

Einkehrmöglichkeiten:

Menschen, die ich getroffen habe:

Notizen:

Datum:

Start:

Wetter: ○ ○ ○ ○

Ziel:

Bewertung: ☆☆☆☆☆

Distanz:

Was bleibt mir positiv in Erinnerung:

Was hat mir nicht gefallen:

Einkehrmöglichkeiten:

Menschen, die ich getroffen habe:

Notizen:

Datum:

Start:

Wetter: ○ ○ ○ ○

Ziel:

Bewertung: ☆ ☆ ☆ ☆ ☆

Distanz:

Was bleibt mir positiv in Erinnerung:

Was hat mir nicht gefallen:

Einkehrmöglichkeiten:

Menschen, die ich getroffen habe:

Notizen:

Datum:

Start:

Wetter: ○ ○ ○ ○

Ziel:

Bewertung: ☆☆☆☆☆

Distanz:

Was bleibt mir positiv in Erinnerung:

Was hat mir nicht gefallen:

Einkehrmöglichkeiten:

Menschen, die ich getroffen habe:

Notizen:

Datum:

Start:

Wetter: ○ ○ ○ ○

Ziel:

Bewertung: ☆ ☆ ☆ ☆ ☆

Distanz:

Was bleibt mir positiv in Erinnerung:

Was hat mir nicht gefallen:

Einkehrmöglichkeiten:

Menschen, die ich getroffen habe:

Notizen:

Datum:

Start:

Wetter: ○ ○ ○ ○

Ziel:

Bewertung: ☆ ☆ ☆ ☆ ☆

Distanz:

Was bleibt mir positiv in Erinnerung:

Was hat mir nicht gefallen:

Einkehrmöglichkeiten:

Menschen, die ich getroffen habe:

Notizen:

Datum:

Start:

Wetter: ○ ○ ○ ○

Ziel:

Bewertung: ☆ ☆ ☆ ☆ ☆

Distanz:

Was bleibt mir positiv in Erinnerung:

Was hat mir nicht gefallen:

Einkehrmöglichkeiten:

Menschen, die ich getroffen habe:

Notizen:

Datum:

Start:

Wetter: ○ ○ ○ ○

Ziel:

Bewertung: ☆☆☆☆☆

Distanz:

Was bleibt mir positiv in Erinnerung:

Was hat mir nicht gefallen:

Einkehrmöglichkeiten:

Menschen, die ich getroffen habe:

Notizen:

Datum: ______________________

Wetter: ○ ○ ○ ○

Bewertung: ☆ ☆ ☆ ☆ ☆

Start: ______________________

Ziel: ______________________

Distanz: ______________________

Was bleibt mir positiv in Erinnerung:

Was hat mir nicht gefallen:

Einkehrmöglichkeiten:

Menschen, die ich getroffen habe:

Notizen:

Datum:

Wetter:

Bewertung:

Start:

Ziel:

Distanz:

Was bleibt mir positiv in Erinnerung:

Was hat mir nicht gefallen:

Einkehrmöglichkeiten:

Menschen, die ich getroffen habe:

Notizen:

Datum:

Start:

Wetter: ○ ○ ○ ○

Ziel:

Bewertung: ☆ ☆ ☆ ☆ ☆

Distanz:

Was bleibt mir positiv in Erinnerung:

Was hat mir nicht gefallen:

Einkehrmöglichkeiten:

Menschen, die ich getroffen habe:

Notizen:

Datum:

Start:

Wetter:

Ziel:

Bewertung: ☆☆☆☆☆

Distanz:

Was bleibt mir positiv in Erinnerung:

Was hat mir nicht gefallen:

Einkehrmöglichkeiten:

Menschen, die ich getroffen habe:

Notizen:

Datum:

Start:

Wetter: ○ ○ ○ ○

Ziel:

Bewertung: ☆☆☆☆☆

Distanz:

Was bleibt mir positiv in Erinnerung:

Was hat mir nicht gefallen:

Einkehrmöglichkeiten:

Menschen, die ich getroffen habe:

Notizen:

Datum:

Start:

Wetter: ○ ○ ○ ○

Ziel:

Bewertung: ☆ ☆ ☆ ☆ ☆

Distanz:

Was bleibt mir positiv in Erinnerung:

Was hat mir nicht gefallen:

Einkehrmöglichkeiten:

Menschen, die ich getroffen habe:

Notizen:

Datum:

Start:

Wetter: ○ ○ ○ ○

Ziel:

Bewertung: ☆☆☆☆☆

Distanz:

Was bleibt mir positiv in Erinnerung:

Was hat mir nicht gefallen:

Einkehrmöglichkeiten:

Menschen, die ich getroffen habe:

Notizen:

Datum:

Start:

Wetter:

Ziel:

Bewertung:

Distanz:

Was bleibt mir positiv in Erinnerung:

Was hat mir nicht gefallen:

Einkehrmöglichkeiten:

Menschen, die ich getroffen habe:

Notizen:

Datum:

Start:

Wetter:

Ziel:

Bewertung:

Distanz:

Was bleibt mir positiv in Erinnerung:

Was hat mir nicht gefallen:

Einkehrmöglichkeiten:

Menschen, die ich getroffen habe:

Notizen:

Datum:

Start:

Wetter: ○ ○ ○ ○

Ziel:

Bewertung: ☆☆☆☆☆

Distanz:

Was bleibt mir positiv in Erinnerung:

Was hat mir nicht gefallen:

Einkehrmöglichkeiten:

Menschen, die ich getroffen habe:

Notizen:

Datum:

Start:

Wetter: ○ ○ ○ ○

Ziel:

Bewertung: ☆ ☆ ☆ ☆ ☆

Distanz:

Was bleibt mir positiv in Erinnerung:

Was hat mir nicht gefallen:

Einkehrmöglichkeiten:

Menschen, die ich getroffen habe:

Notizen:

Datum:

Start:

Wetter: ○ ○ ○ ○

Ziel:

Bewertung: ☆ ☆ ☆ ☆ ☆

Distanz:

Was bleibt mir positiv in Erinnerung:

Was hat mir nicht gefallen:

Einkehrmöglichkeiten:

Menschen, die ich getroffen habe:

Notizen:

Datum:

Start:

Wetter:

Ziel:

Bewertung:

Distanz:

Was bleibt mir positiv in Erinnerung:

Was hat mir nicht gefallen:

Einkehrmöglichkeiten:

Menschen, die ich getroffen habe:

Notizen:

Datum:

Start:

Wetter:

Ziel:

Bewertung:

Distanz:

Was bleibt mir positiv in Erinnerung:

Was hat mir nicht gefallen:

Einkehrmöglichkeiten:

Menschen, die ich getroffen habe:

Notizen:

Datum:

Start:

Wetter: ○ ○ ○ ○

Ziel:

Bewertung: ☆☆☆☆☆

Distanz:

Was bleibt mir positiv in Erinnerung:

Was hat mir nicht gefallen:

Einkehrmöglichkeiten:

Menschen, die ich getroffen habe:

Notizen:

Datum:

Start:

Wetter: ○ ○ ○ ○

Ziel:

Bewertung: ☆ ☆ ☆ ☆ ☆

Distanz:

Was bleibt mir positiv in Erinnerung:

Was hat mir nicht gefallen:

Einkehrmöglichkeiten:

Menschen, die ich getroffen habe:

Notizen:

Datum:

Start:

Wetter: ☀ ⛅ ☁ 🌧

Ziel:

Bewertung: ☆ ☆ ☆ ☆ ☆

Distanz:

Was bleibt mir positiv in Erinnerung:

Was hat mir nicht gefallen:

Einkehrmöglichkeiten:

Menschen, die ich getroffen habe:

Notizen:

Datum:

Start:

Wetter:

Ziel:

Bewertung:

Distanz:

Was bleibt mir positiv in Erinnerung:

Was hat mir nicht gefallen:

Einkehrmöglichkeiten:

Menschen, die ich getroffen habe:

Notizen:

Datum:

Start:

Wetter: ○ ○ ○ ○

Ziel:

Bewertung: ☆ ☆ ☆ ☆ ☆

Distanz:

Was bleibt mir positiv in Erinnerung:

Was hat mir nicht gefallen:

Einkehrmöglichkeiten:

Menschen, die ich getroffen habe:

Notizen:

Datum:

Start:

Wetter:

Ziel:

Bewertung:

Distanz:

Was bleibt mir positiv in Erinnerung:

Was hat mir nicht gefallen:

Einkehrmöglichkeiten:

Menschen, die ich getroffen habe:

Notizen:

Datum:

Wetter: ○ ○ ○ ○

Bewertung: ☆ ☆ ☆ ☆ ☆

Start:

Ziel:

Distanz:

Was bleibt mir positiv in Erinnerung:

Was hat mir nicht gefallen:

Einkehrmöglichkeiten:

Menschen, die ich getroffen habe:

Notizen:

Datum:

Start:

Wetter: ○ ○ ○ ○

Ziel:

Bewertung: ☆☆☆☆☆

Distanz:

Was bleibt mir positiv in Erinnerung:

Was hat mir nicht gefallen:

Einkehrmöglichkeiten:

Menschen, die ich getroffen habe:

Notizen:

Datum:

Start:

Wetter:

Ziel:

Bewertung:

Distanz:

Was bleibt mir positiv in Erinnerung:

Was hat mir nicht gefallen:

Einkehrmöglichkeiten:

Menschen, die ich getroffen habe:

Notizen:

Datum:

Start:

Wetter: ○ ○ ○ ○

Ziel:

Bewertung: ☆ ☆ ☆ ☆ ☆

Distanz:

Was bleibt mir positiv in Erinnerung:

Was hat mir nicht gefallen:

Einkehrmöglichkeiten:

Menschen, die ich getroffen habe:

Notizen:

Datum:

Start:

Wetter: ○ ○ ○ ○

Ziel:

Bewertung: ☆ ☆ ☆ ☆ ☆

Distanz:

Was bleibt mir positiv in Erinnerung:

Was hat mir nicht gefallen:

Einkehrmöglichkeiten:

Menschen, die ich getroffen habe:

Notizen:

Datum:

Start:

Wetter:

Ziel:

Bewertung:

Distanz:

Was bleibt mir positiv in Erinnerung:

Was hat mir nicht gefallen:

Einkehrmöglichkeiten:

Menschen, die ich getroffen habe:

Notizen:

Datum:

Start:

Wetter:

Ziel:

Bewertung:

Distanz:

Was bleibt mir positiv in Erinnerung:

Was hat mir nicht gefallen:

Einkehrmöglichkeiten:

Menschen, die ich getroffen habe:

Notizen:

Datum:

Start:

Wetter:

Ziel:

Bewertung:

Distanz:

Was bleibt mir positiv in Erinnerung:

Was hat mir nicht gefallen:

Einkehrmöglichkeiten:

Menschen, die ich getroffen habe:

Notizen:

Datum:

Start:

Wetter: ○ ○ ○ ○

Ziel:

Bewertung: ☆☆☆☆☆

Distanz:

Was bleibt mir positiv in Erinnerung:

Was hat mir nicht gefallen:

Einkehrmöglichkeiten:

Menschen, die ich getroffen habe:

Notizen:

Datum:

Start:

Wetter: ○ ○ ○ ○

Ziel:

Bewertung: ☆☆☆☆☆

Distanz:

Was bleibt mir positiv in Erinnerung:

Was hat mir nicht gefallen:

Einkehrmöglichkeiten:

Menschen, die ich getroffen habe:

Notizen:

Datum:

Start:

Wetter: ○ ○ ○ ○

Ziel:

Bewertung: ☆ ☆ ☆ ☆ ☆

Distanz:

Was bleibt mir positiv in Erinnerung:

Was hat mir nicht gefallen:

Einkehrmöglichkeiten:

Menschen, die ich getroffen habe:

Notizen:

Wir möchten unsere Produkte
für unsere Kundinnen und
Kunden stetig verbessern.

Mit einem Feedback im Rahmen
einer Rezension können wir
auch Ihre positiven
Erfahrungen, Lob und Kritik
dabei berücksichtigen.

1. Auflage

Druck: Amazon Media WU S.à r. l. 5 Rue Plaetis, L-2338, Luxembourg
Independently published

Kontakt:
Björn Meyer
Rönnehof 5
30457 Hannover, Deutschland
Override2000@gmx.de
Covergestaltung: Björn Meyer
Designelemente:
vecteezy.com
www.creativefabrica.com

Printed in Poland
by Amazon Fulfillment
Poland Sp. z o.o., Wrocław

33159818R00069